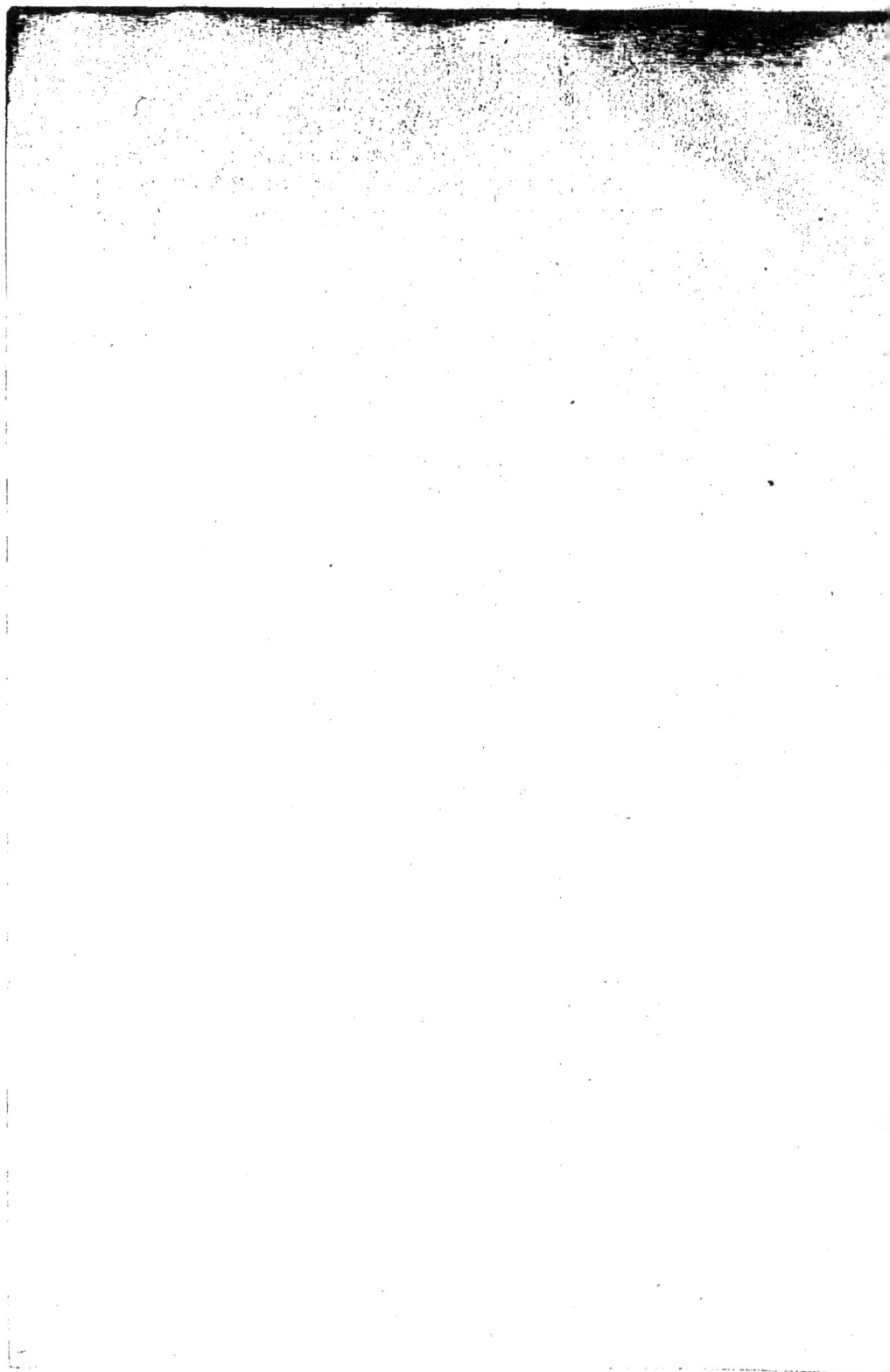

# DISCOURS
## DE Mr COFFIN
### RECTEUR DE L'UNIVERSITE'
# AU ROY,
## ET A MONSEIGNEUR
# LE DUC D'ORLEANS,

En leur préfentant le Cierge le 1. Fev. 1719
Et fur l'Etabliffement de
# L'INSTRUCTION GRATUITE
## dans l'Univerfité de Paris.

Avec les Difcours Latins à Mr LE GARDE DES SCEAUX,
Sur le même Sujet.

*Et les Mandemens Latins & François de* Mr *LE RECTEUR,*
*Pour le Gratis & pour les Congés accordés par* SA MAJESTE'.

A PARIS,
Chez C. L. THIBOUST, Imprimeur Ordinaire de l'Univerfité,
Place de Cambray.

M. DCC. XIX.

# AU ROY

*En Luy préséntant le Cierge le 1. Fevrier 1719.*

## SIRE,

L'UNIVERSITE' de Paris, attentive au progrès de VOTRE MAJESTE' dans l'étude de la Religion & des Lettres, apprend de jour en jour avec une extrême joye le succès d'une éducation d'où dépend le bonheur de l'Eglise & de l'Etat.

Ce succès, SIRE, n'est pas moins important pour Vôtre Majesté, qu'il l'est pour tous vos Sujets. Les années de vôtre Regne feront nombreuses, si nos vœux font exaucés ; mais les jours de vôtre instruction font comptés. L'Autorité Royale, dépofée pour un temps entre les mains du Grand Prince, dont les foins & les lumieres suppléent au défaut de vos années ; cette Autorité fi refpeétable & fi augufte fera bientôt remife dans les mains de Vôtre Majefté. Quel intereft n'a-t-elle donc point de fe remplir, durant cet efpace fi court & fi rapide, des fentimens & des maximes qui doivent être la regle de fa conduite pendant tout le refte de fa vie?

Deftiné par la Providence à gouverner un grand Peuple ; refponfable de tout le bien que peut faire un Roy, & de tout le mal qu'il peut empêcher, quel avantage n'eft-ce pas pour Vôtre Majefté d'apprendre sûrement la route qui conduit à ce but unique du veritable gouvernement ?

Il ne manque rien à Vôtre Majesté, SIRE, pour y arriver. La sagesse & l'habileté des Conducteurs Illustres, qui sont chargés du soin de vos premieres années, auroient été capables de rectifier un naturel moins heureux. Mais ils avouënt, ces Guides aussi sinceres qu'éclairés, qu'ils ont trouvé dans l'excellent fond de Vôtre Majesté les semences de toutes les vertus qui forment les grands Princes. Les premieres inclinations de vôtre Enfance ont prévenu leurs leçons les plus essentielles. Ces maximes importantes, Que le premier devoir d'un Roy est d'établir dans luy même le regne de la Pieté, de faire respecter la Religion dans ses Etats ; d'aimer & de chercher avec soin la Verité ; de proteger la Vertu, de reprimer le Vice ; de rendre ses Sujets heureux, & de s'en faire aimer en les aimant ; ces maximes étoient gravées dans vôtre cœur, avant qu'elles eussent frappé vos oreilles. On voit même Vôtre Majesté les mettre tous les jours en pratique dans l'enceinte de ce Palais, d'une maniere proportionnée à vôtre âge ; mais qui marque bien avec quel éclat vous le ferez, lorsque l'exercice de ces vertus n'aura plus d'autres bornes que celles de vôtre pouvoir.

Cette pieté sincere, qu'on remarque déja dans Vôtre Majesté ; ce goût comme naturel pour tout ce qui appartient à la Religion ; cette aversion pour la flatterie ; cette bonté, & , si je puis le dire, cette reconnoissance à l'égard de tous ceux qui ont l'honneur de vous approcher, annoncent à vôtre Peuple ce qu'il a lieu d'attendre de son Roy : de même que le zele empressé de ceux qui vous servent, leur tendresse respectueuse, leur affection, leur attachement moins pour vôtre rang que pour vôtre Personne, sont des gages certains, & comme les prémices du parfait devouëment que vous devez attendre de tous vos Sujets.

Mais, vous le sçavez, SIRE ; c'est Dieu qui est l'auteur de tous ces dons & de toutes ces faveurs. C'est luy, qui par une protection visible, & selon les desseins adorables de sa providence, a conservé dans vôtre Personne Sacrée la prétieuse étincelle d'une auguste & nombreuse Famille, & qui a porté de si loin, & contre toute apparence, l'Arriere-Petit-Fils, sur le Throne du Bisayeul ; c'est luy enfin, qui vous a prévenu de ses graces & de ses benedictions : puissent - elles se répandre de jour en jour plus abondamment sur Vôtre Majesté ! Ce sont les vœux sinceres de Vôtre Université ; ce sont les sentimens qu'elle inspire pour VOTRE MAJESTE' à ce peuple de jeunes Sujets qu'elle forme pour l'Eglise & pour l'Etat ; heureuse dans cet important ministere de pouvoir les porter à l'amour du travail & de la vertu par le puissant exemple d'un Souverain si fidele à tous ses devoirs !

A SON ALTESSE ROYALE

# MONSEIGNEUR
# LE DUC D'ORLEANS,
# REGENT.

*En luy prefentant le Cierge le 1. Février 1719.*

**M**ONSEIGNEUR,

L'UNIVERSITE' de Paris met au rang de fes plus beaux privileges l'honneur qu'elle a de paroître à certains jours devant le Dépofitaire de l'Autorité Royale, pour luy rendre fes refpectueux hommages. Mais, nous ne craignons point de le dire, cet honneur, quelque grand qu'il foit, ne nous touche pas fi fenfiblement, que le plaifir flateur de parler à un Prince, qui, nourri dans le goût & dans l'ufage des Lettres, en connoît par luy-même tout le prix.

Nous nous préfentons donc à VOTRE ALTESSE ROYALE, non feulement avec les fentimens de vénération qui font dûs à Votre Augufte Perfonne, & à l'élévation de votre rang ; mais avec toute la confiance que doit infpirer un Prince porté d'inclination, & intereffé même perfonnellement à proteger des Arts, dont la gloire eft inféparable de la fienne.

Nous nous tinmes afsûrés de cette protection, MONSEIGNEUR, dès le moment que les droits de votre naiffance & les vœux de tous

B

les François vous eurent chargé de la conduite de ce Royaume, & nous crûmes devoir tout attendre de vous, puisque l'étendue de votre pouvoir commençoit à mettre dans une pleine liberté les mouvemens de votre cœur. Nous pouvons dire même, MONSEIGNEUR, que votre discernement prevint presque nos vœux & nos demandes. Vous formâtes dès lors le projet de l'Instruction gratuite dans notre Université, & vous comprîtes par une prompte pénétration toute l'importance d'un établissement, qui seroit également utile au Public, honorable aux Lettres, & glorieux à Votre Auguste Regence.

Nous sçavons, MONSEIGNEUR, que vous n'avez point perdu de vûë ce grand objet; vous en avez donné plus d'une fois des assûrances à l'Université; & nous ne croyons pas que la difficulté des temps doive nous faire perdre l'esperance d'une faveur, qui ne sçauroit être à charge à l'Etat, qui peut se tirer par les vües superieures de Votre Altesse Royale du fonds même & de l'ancien patrimoine de l'Université, & que nous obtiendrions aisément de votre justice, si nous n'aimions mieux la devoir toute entiere à votre bonté.

L'Université, MONSEIGNEUR, fondée depuis plus de neuf siécles dans ce Royaume, a toujours été plus attentive à servir l'Eglise & l'Etat, qu'à s'attirer des graces & des recompenses. Ennemie de toute opinion & de toute liaison étrangere, elle n'a jamais cherché d'autre protection que celle de ses legitimes Souverains. Ses maximes sur la Religion sont aussi anciennes que la Religion même; & toute sa politique consiste dans un attachement sincere aux loix du Royaume, & dans un respect inviolable pour ceux à qui Dieu en a confié la conduite.

C'est aussi, MONSEIGNEUR, ce qu'elle s'efforce de graver dans le cœur de tous ses disciples. Elle souhaitteroit, & j'ose le dire, il seroit peut-être à souhaitter pour l'Etat, que le nombre en fût plus grand, & que l'impuissance où elle est de faire des Leçons gratuites, ne servît pas de prétexte & même de raison veritable à un grand nombre de Peres, pour mener leurs enfans à des sources beaucoup moins anciennes, & qui certainement ne seront jamais plus pures.

Les Roys vos Ayeux nous ont accordé par estime des distinctions honorables. C'est de leur liberalité que nous tenons ces ornemens, & cette pourpre sous laquelle nous paroissons devant vous. Mais il vous étoit réservé d'y ajouter un nouvel éclat plus solide, & de devenir au nom du Roy le second Fondateur de l'Université.

Rendez nos Arts, MONSEIGNEUR, veritablement liberaux: affranchissez la Fille Aînée de nos Roys de toute dépendance qui la dégrade; ne luy laissez que celle qui lui fait honneur, & comptez sur le devouement entier & sur le souvenir éternel d'un Corps, qui fait encore moins profession de science & de litterature, que de la plus parfaite reconnoissance.

# AU ROY

*Pour le remercier de l'Etabliſſement de l'Inſtruction Gratuite dans l'Univerſité de Paris, le 22 May 1719.*

## SIRE,

C'EST avec les ſentimens de la plus vive reconnoiſſance que l'UNIVERSITE' DE PARIS ſe préſente aujourd'huy au pied du thrône de VOTRE MAJESTE'.

Cette Compagnie, formée d'abord par les ſoins & dans le Palais même de nos Roys, toujours honorée pour cette raiſon du titre glorieux de leur Fille-Aînée, a conſervé dans tous les temps des ſentimens dignes de ſa naiſſance ; mais elle avoit eu juſqu'icy le malheur de n'en pouvoir ſoutenir la gloire & la liberté : peu differente de ces anciennes Maiſons dont la fortune ſemble démentir l'origine, & qui ſe voyent preſque effacées par un grand nombre de Familles moins nobles & plus opulentes.

Telle étoit, SIRE, la triſte ſituation de la premiere Univerſité du Monde, plus dépendante du public que les autres Univerſités de l'Europe, toutes formées ſur ſon modéle, ou ſorties même de ſon ſein, & toutes cependant beaucoup mieux dotées que leur Mere.

Ce n'eſt pas que ſes Fondateurs Auguſtes, en luy accordant des Priviléges d'honneur, euſſent oublié de pourvoir à ſa ſubſiſtance, ou qu'elle eût elle-même diſſipé ſon patrimoine par une mauvaiſe œconomie. Mais elle avoit beſoin d'une nouvelle protection pour trouver dans le fonds même que les Roys luy avoient laiſſé, de quoy ſe paſſer de tout ſecours étranger.

Cette grace, merci, & justice [...] [...]
[...] on en [...] no [...] d [...]
plus particuliers, pour le bien [...]
en avoient plus d'une fois formé le projet. Mais [...]
qu'on en dut l'execution à Votre Majesté, qui de tout [...]
interessé à la gloire de votre Regne, & porté par un pen [...]
proteger les Arts & les Sciences, qui peuvent en faire un des princi-
paux ornemens.

Quel heureux présage, SIRE, pour toute la suite de ce Regne
auquel nos vœux ne mettent point de bornes! Vous vous montrez
déja veritablement le Pere de vos jeunes Sujets, en leur procurant,
ou du moins en leur facilitant l'inestimable avantage de l'Instruction,
dans un temps où Votre Majesté, par un discernement au dessus de son
âge, commence à connoitre l'importance de l'éducation, par celle que
vous recevez avec tant de succès entre les mains de ces Hommes
choisis, qui sont chargés du prétieux dépôt de vos premieres années;
sous la conduite d'un Prince de votre Sang, attaché par le cœur à
votre Personne Sacrée, & moins sensible à l'éclat de ce glorieux em-
ploi, digne de son auguste naissance, qu'aux progrès de Votre Majesté,
d'où il sçait que dépend la félicité publique.

L'Université, SIRE, s'efforcera de seconder vos intentions vrayment Royales, en redoublant ses soins auprès de ce Peuple naissant
qu'elle éleve pour Votre Majesté. Nous continuerons de le former dans
la Pieté & dans les Lettres, & nous nous appliquerons avec zèle à
inspirer de bonne heure à ces Enfans les sentimens de respect, de sou-
mission & de reconnoissance, qu'ils doivent à un Prince de leur âge,
qui par sa liberalité vient de s'acquerir de nouveaux droits sur des
cœurs, que le devoir & l'inclination luy avoient déja dévoués.

C'est l'unique moyen, SIRE, que nous ayons de reconnoitre digne-
ment les graces que vous faites à l'Université. Elle va renaître &
prendre une face nouvelle par les bienfaits dont vous la comblez dès
votre enfance, semblable au Soleil du Printemps, dont les rayons
favorables rendent la joye & la beauté à toute la nature, & qui ani-
mant par une chaleur douce, mais féconde, les sucs de la terre, fait
éclore de toutes parts les fleurs les plus brillantes, & prepare pour
l'Automne une abondance de fruits délicieux.

Puissiez-vous, SIRE, goûter vous-même long-temps le fruit de
vos Royales bontés, dont la durée, égale à celle de la Monarchie,
gravera en caractéres ineffaçables le souvenir & l'amour de VOTRE
MAJESTE' dans le cœur des Peres & des Enfans, & perpetuera en
quelque sorte votre Regne sous les Regnes même de vos Successeurs les
plus reculés!

# A SON ALTESSE ROYALE
## MONSEIGNEUR
# LE DUC D'ORLEANS,
### REGENT.

*Pour le remercier de l'Etabliſſement de l'Inſtruction Gratuite dans l'Univerſité de Paris, le 22 May, 1719.*

**M**ONSEIGNEUR,

LES promeſſes que VOTRE ALTESSE ROYALE avoit eû la bonté de faire à l'Univerſité, ont été ſuivies d'un effet ſi prompt, qu'il a laiſſé peu d'intervalle entre la demande & le re-

C

merciment. La juſtice que vous avez voulu qu'on nous rendît, a receu en paſſant par vos mains tout le prix d'une grace pure & ſigna- lée; & de quelque coté que nous l'enviſagions, nous ſommes con- traints d'avouër que nos expreſſions ne ſçauroient atteindre à la gran- deur du bienfait, ni égaler la meſure de notre reconnoiſſance.

Si des Nations entieres ont décerné les plus grands honneurs à des Princes, pour des ouvrages ſujets au temps, & dont toute l'utilité ſe bornoit à l'embelliſſement des Villes, & aux commodités de la vie; que ne doit point l'Univerſité, que ne doit point même la France à Votre Alteſſe Royale, pour un établiſſement qui tend à perfection- ner l'eſprit & les mœurs, & qui ſubſiſtera autant que la Monar- chie, dont la durée, comme nous l'eſperons, égalera celle du Monde?

Tout le Royaume a déja fait éclater ſa joye par ſes louanges & ſes applaudiſſemens. L'Univerſité, que ce nouvel avantage touche encore de plus près, y eſt d'autant plus ſenſible, que le Prince, de qui elle le tient, connoît mieux que perſonne quels doivent être les motifs & les uſages d'une telle grace.

Vous avez compris, MONSEIGNEUR, que l'éducation de la Jeuneſſe eſt le premier & le plus ſolide fondement de la gloire & de la felicité des Etats; que l'honneur & la liberté ſont l'ame des Lettres; que pour ſervir plus utilement le public dans nos profeſſions, il faut en être indépendant, & que c'eſt cette indépendance même à l'égard du Pu- blic, qui attache plus étroitement au Prince, en réuniſſant à luy tous les ſentimens de reconnoiſſance qu'on feroit obligé de partager entre les particuliers.

C'eſt par des vûes ſi nobles & ſi élevées, MONSEIGNEUR, que vous avez formé le deſſein de l'Inſtruction Gratuite dans l'Uni- verſité de Paris, & que vous en avez avancé l'exécution avec un em- preſſement, qui pourroit faire douter ſi vous avez eu plus de joye en nous accordant cette faveur, que nous en la recevant.

Uniquement renfermés dans nos emplois; peu inſtruits dans l'art de réüſſir par des inſinuations & des voyes ſecrettes; moins propres encore à ces follicitations vives & à ces affiduités perféverantes, prefque toujours neceffaires à la Cour pour percer la foule de ceux qui demandent, & dont les meilleurs Princes font le plus environnés, nous ferions encore privés de vos graces, fi elles n'étoient prefque venuës nous chercher, & s'il eût fallu autre chofe pour obtenir de Vôtre Alteffe Royale cet important Etabliffement, que de luy en reprefenter l'utilité.

Vous avez infpiré les mêmes fentimens aux Miniftres de SA MAJESTE'. Leur zêle pour le bien public & pour la gloire de leur Maître, a pû à peine répondre à l'activité de vos defirs.

Mais ce qui met le comble à notre joye, MONSEIGNEUR, c'eft de fçavoir que cet événement eft l'effet de l'eftime d'un Prince, dont le difcernement peut fervir aux autres de regle pour juger fûrement du merite.

Auffi l'Univerfité, MONSEIGNEUR, fent-elle déja augmenter pour elle la confiance du Public, par celle dont Vôtre Alteffe Royale daigne l'honorer : femblable à ces tableaux anciens, dont les traits formés par un fçavant pinceau, mais obfcurcis par le temps & faute de foin, n'attendent que les yeux d'un grand Maiftre & le fecours d'une main habile pour reparoitre dans toute leur beauté, & pour effacer le brillant des ouvrages modernes, qui leur avoient été égalés, & peut-être même injuftement préferés.

Nous nous efforcerons, MONSEIGNEUR, de conferver ce nouvel éclat que vous nous avez rendu, en redoublant nos foins pour l'Inftruction de la Jeuneffe, & nous efperons prouver à toute la France, que le don accordé à l'Univerfité eft veritablement un bienfait public.

Ce feroit peu en effet que nos Faftes en perpetuaffent la memoire; que nous le publiaffions dans toutes nos Langues, & par cent monumens divers; que dans les fiecles même les plus reculés on prît foin de dire aux Enfans qui vous devront l'éducation, CES LEÇONS „ que vous recevez font les fruits de la bonté d'un Prince, qui dans „ des temps difficiles, chargé de la conduite d'un grand Royaume,

C ij

„ partagé par mille affaires pénibles & épineufes , ne jugea pas indi-
„ gne de fon attention de relever l'honneur de nos Ecoles , & afsûra un
„ fonds confiderable pour ennoblir la Profeffion des Maiftres , & pour
„ faciliter l'Inftruction des Difciples : Notre reconnoiffance , & celle
de nos fucceffeurs , feroit peu digne de vous , fi elle fe bornoit à des
éloges & à des fentimens fteriles. Il faut qu'elle foit agiffante & effec-
tive. VOTRE ALTESSE ROYALE a eu pour but l'hon-
neur de la France, & l'utilité publique. Nous irons , s'il eft poffible ; auffi
loin que vos defirs ; & par un affujettiffement volontaire , mais exact
à de nouvelles Loix que nous allons nous prefcrire , & que nous
vous prierons , pour comble de grace , de vouloir bien autorifer , nous
vous donnerons la confolation de jouïr du fruit d'une generofité
vrayment Royale , & d'en recevoir ainfi ( permettez-nous de le dire,
MONSEIGNEUR.) la jufte & digne récompenfe.

# AD FIDELISSIMUM
# REGIORUM SIGILLORUM
# CUSTODEM.

*Cùm ei Cereus offerretur die I. Februarii anno Domini 1719.*

HODIE primùm folemni pompâ & frequenti comitatu tuas ædes ingreditur Univerfitas Parifienfis, FIDELISSIME REGIORUM SIGILLORUM CUSTOS. Verùm in hâc novi generis falutatione, nihil tibi præter antiquos animi de te fui fenfus expromet. Dicam enim non ambitiosè aut adulatoriè, quod laudandi genus os noftrum æquè & tuæ aurés abhorrent, fed fimpliciter & Academicè, nihil judicio de te noftro adjecit ifta, quâ fulges, fplendidiffimi muneris amplitudo. Fuit ille femper apud nos conftans de te fermo, plerofque homines ita comparatos effe, ut alii aliis rebus magis apti & idonei fint : tibi promptum ad omnia pariter & habile ingenium fuppetere ; nullam feu privatæ, feu publicæ rei gerendæ artem tibi deeffe ; te eâdem dexteritate mentis & grandia tractare, & ad minuta defcendere ; nullo negotiorum pondere aut animum tuum vinci poffe, aut corpus fatigari.

Hoc nimirùm tui jamdiu fplendidum edidifti fpecimen in illo perutili & perlaboriofo munere, unde publici ordinis ratio & Parifinorum Civium fecuritas pendet ; cui muneri per tot annos tantâ fapientiæ, vigilantiæ, fortitudinis laude præfuisti, ut veluti mens quædam universa totam immensæ hujus urbis molem pervaderes; ut mundum illum verius quàm civitatem æquè nosses ac domum alius suam; ut populi multitudinem infinitam unius instar familiæ regeres; ut illam, non evitabilem magnis urbibus, tot diversi generis hominum colluviem, audacium, levium, factiosorum, improborum, facinorosorum, vel solo nutu, & unâ nominis tui auctoritate contineres. Atque hæc omnia, quibus vix bene plures simul sufficere posse videantur, ita facilè & quasi per ludum transigebas unus, ut assilientibus undecumque negotiis, in tantâ occupatione animo tamen esses minimè occupato.

Ex illâ Reginæ Urbis speculâ ad sublimius fastigium evectus, eâdem perspicacissimæ mentis acie, majori etiam, si fieri potest, assiduitate gravissima Regni negotia, nullo diei vel noctis discrimine, pertractas, nec aliud tibi videris, ex istâ amplissimæ dignitatis accessione, præter laborem & molestiam, assumpsisse.

At dum acres in universum Regnum intendis oculos arrectus & vigil, memineris, quæso, nos quoque illius aliquam partem esse; eamque, ut confidimus, non infimam, nec omnino tuâ benevolentiâ tuisque curis indignam. Quanquam frustra te impellere videor, ut nobis favere velis, cujus propensam in nos voluntatem non obscuris argumentis perspeximus, quem scimus grande aliquid & magnificum causâ nostrâ meditari, ut dotata tandem pro dignitate Parisiensis Universitas Gallicam Juventutem gratuitò instituere possit, & Regiæ originis decus spendoremque sustinere.

Hoc idem celsæ & erectæ mentis consilium, pro suo in litteras studio, jam pridem animo volvit Augustissimus Regens: quod ut quàm primùm fiat, eâ quâ apud ipsum vales autoritate facilè assequêris. Hoc à te beneficium expectant omnes boni: per hoc immortale opus & publicæ utilitati, & tuæ ipsius gloriæ consules, quem Mecenatem suum bene memor Academia Parisiensis perennibus fastis consecrabit.

# AD FIDELISSIMUM
# REGIORUM SIGILLORUM
# CUSTODEM.

*Ob aſſertam Univerſitati gratuitò docendi Facultatem.*

PAUCI omnino menſes ſunt, FIDELISSIME REGIORUM SIGILLORUM CUSTOS, ex quo Academia Pariſienſis, dum te publicâ legatione ſalutaret, ſe tibi ſuaſque res, tanquam potenti patrono & optimo Mecenati, commendavit.

Ita tum à te excepti ſumus, ita nos non facundè ſolùm, ſed etiam benevolè, imò amanter allocutus es, ita de propoſito gratuitæ Inſtitutionis conſilio ſplendidè & ſapienter diſſeruiſti, ut certiore quàm unquam aliàs erecti fiduciâ, lætiſſimas ſpes in Latium noſtrum reportaremus.

Illas porro non modò non eluſas, aut protractas in longum, ſed ipsâ expectatione noſtrâ maturiùs impletas hodie tibi intimo animi bene memoris affectu gratulamur. Declaraſti profectò quantùm in fide tuâ reponi oporteat: quàm non clientes tuos, quod ſæpe fit, blandis vocibus & inanibus promiſſis lactes, ut poſt longas & crebras prenſationes dilatam diu repulſam ſuſtineant eóque ipſo triſtiorem.

Tu de Academiâ Pariſienſi non magnificè ſolùm, ſed etiam celeriter promeritus es, quod alterius beneficii loco haberi debet. Paucis diebus feliciter abfolvifti, quod ante te meditati funt non pauci, nonnulli totâ voluntatis inclinatione fufceptum, infectum tamen, non fine fuo & bonorum omnium dolore, reliquerunt. Richelius ipfe, ad grandia & excelfa quæque natus, qui ea femper aggreffus eft, quæ ante illum nemo; qui omnia ferè quæ aggreffus eft, perfecit; vidit quantum famæ fuæ, quantùm regni totius intereffet, primam Galliæ atque adeo ipfius orbis Academiam liberalem efficere: at idem extinctus eft, antequam ad alia fua decora hanc quoque gloriam adjiceret, inftauratæ tanto fumptu Sorbonæ magnificis fubftructionibus majorem, annorum certè edacitati minùs obnoxiam.

Erant quidem non pauca quæ petitioni noftræ faverent. Agebatur Literarum honor, Civium commodum, Regis ac Regni totius fplendor ac dignitas. Æquum præterea videbatur, ut primogenitæ Regum Francorum Filiæ non modò fua antiqua dos fervaretur, fed vel nova, fi neceffe effet, accederet. Verùm in hâc difficultate temporum, in his ærariæ rei, cui præs, anguftiis; non deerant etiam quæ hujus pulcherrimæ rei fucceffum impedire poffent, aut faltem retardare.

Vicit tamen, te auctore, utilitas publica; ceffit æquitati fifcus, *cujus nunquam mala caufa eft*, inquit Plinius, *nifi fub bono Principe*; addere mihi liceat & fub fimilibus Principi Adminiftris.

Ergo Literas vindicafti in libertatem, atque è tenebris quodammodo in lucem eduxifti. Quod in toto vitæ exercitatiffimæ curriculo patuit omnibus, nihil tam intricatum effe quod non expedias, nihil tam difficile & arduum quod non facilè & fine negotio affequaris, urbanarum juxtà & externarum rerum fciens, intelligens forenfium, civilium peritiffimus, id in hâc quoque noftrâ re oftendifti; ut quâ potiffimum arte excellas ftatuere nemini liceat, illud autem affirmari certò poffit, te ad id unum natum videri quodcumque agis.

Quid quòd tam infigne beneficium tantâ facilitate alloquendi, tantâ & tam honorificâ in Academiam comitate conditum voluifti, ut rei fuâpte naturâ gratiffimæ novam infuper gratiam adjiceres, & regiam munificentiam tuâ quoque propriâ liberalitate cumulares?

Vivet igitur in animis faftifque noftris tuorum in nos meritorum memoria, quibus, quoniam pares gratias referre femel non licet, habebimus certè nunquam perituras. Faciemus, quod unum poffumus, ut reflorefcentes ope tuâ Literæ noftræ fautorem fuum remotiffimæ pofteritati commendent. Quamdiu vigebit Academia, prædicabitur à nobis ille dies quo fplendidum LUDOVICI & PHILIPPI munus, fimulque nomen tuum & noftrum decus, æternitati, unâ & eâdem figilli regalis impreffione, confignafti.

# MANDATUM RECTORIS.

NOS CAROLUS COFFIN, Rector universi Studii Parisiensis, omnibus præsentes literas inspecturis, SALUTEM.

ETSI suum cuique impensi laboris pretium rependi haud iniquum est , tamen Universitas nostra , dignitatis quàm opum amantior , semper doluit Professoribus suis unoquoque anno certam à Discipulis mercedem pensitari , necessariam magis quàm honestam. Habebat illa quidem natam penè secum, & omnium deinceps Regum Edictis ac Diplomatibus confirmatam publicorum Nuntiatuum possessionem, quam alendis Magistris, adeóque levandis discentium sumptibus jam pridem destinabat. Verùm fundus hic , licèt per se non infertilis , breviorem hactenus Universitati censum attulerat, quàm ut ex eo justum singulis Professoribus stipendium suppeditari posset. Debebatur LUDOVICO XV° vix bene decimum ætatis annum ingresso, pulcherrimi operis confecti nunquam intermoritura gloria. Nimirum , aspirante Deo, promovente Augustissimo Regente , Literarum & Literatorum fautore munificentissimo , Rex Christianissimus bonarum Artium alumnus idem ac parens, nec minùs naturæ suæ bonitate quàm causæ nostræ jure adductus , vetus illud Universitatis patrimonium eatenus auctum & amplificatum tandem voluit, ut Primogenita Regum Francorum Filia , propriâ & decenti ornata dote , nihilque ab originis suæ nobilitate degener, ingenuas ac liberales Artes liberaliter etiam exerceret. Quo tam insigni beneficio non modò Civium Parisinorum , sed Gallorum ,

# MANDEMENT DU RECTEUR.

NOUS CHARLES COFFIN , Recteur de l'Université de Paris , à tous ceux qui ces presentes Lettres verront , SALUT.

Quoique la récompense du travail soit une justice, que l'on ne peut raisonnablement refuser à personne ; cependant l'Université de Paris , plus sensible à l'honneur qu'à l'interest , a toûjours vû à regret ses Professeurs recevoir de leurs Disciples un honoraire, que la necessité pouvoit excuser ; mais qui dans le fond étoit peu convenable à la dignité des Lettres. L'Université jouïssoit, presque dès sa naissance, de la proprieté des Messageries dont la possession luy a été confirmée par les Edits & Declarations de nos Rois ; & depuis long-temps elle en destinoit le produit à l'entretien des Maîtres & au soulagement des étudians. Mais ce fonds, quoy qu'assez abondant par lui-même , ne luy avoit pas apporté jusqu'à present un revenu suffisant pour assigner une pension honnête à chacun de ses Professeurs. Il étoit réservé au Roy d'éterniser la mémoire de ses premieres années par l'accomplissement d'un si glorieux dessein. Enfin, graces à Dieu , par un effet de l'Auguste protection que le grand Prince qui gouverne la France accorde si genereusement aux Sciences & aux Sçavans ; Le Roy, qui devient déja le Pere des Lettres en même temps qu'il en est le plus digne Eleve , consultant également la bonté de son cœur & la justice de nos droits , a voulu que cet ancien patrimoine de l'Université fust augmenté : en sorte que la Fille aînée de nos Rois, honorablement dotée , ne dégenerast point de la grandeur de son origine , & fust en état d'exercer noblement des Arts aussi nobles que ceux dont elle fait profession. Par cette faveur singuliere le Roy fournit lui-même des Maîtres, non seulement à la jeunesse de Paris & de tout le Royaume , mais encore à celle des Païs

D

étrangers : & c'eſt à preſent qu'une doctrine qui s'eſt toujoursconſervée dans ſa pureté, aura un cours plus étendu, & que l'accès en ſera plus libre, quoiqu'il n'ait jamais été interdit à perſonne, & aux pauvres moins qu'à tout autre. Quelle joye un ſi heureux comencement de Regne ne doit-il pas inſpirer à tous les bons ſujets ? Quel préſage plus ſûr d'un heureux avenir ? Car enfin que né ſera point dans la force & dans la maturité de l'âge un Prince dont l'Enfance ſe ſignale d'une maniere ſi glorieuſe ?

Nous declarons, donc que tous les Profeſſeurs de l'Univerſité de Paris n'exigeront plus de leurs Ecoliers autre choſe que le travail & la modeſtie , & qu'on a commencé à y enſeigner ſur ce pied depuis le premier jour d'Avril.

Nous invitons toute la jeuneſſe ſage & bien née, à venir dans nos Claſſes avec toute la joye & tout l'empreſſement dont elle eſt capable, y prendre de bonne heure l'heureuſe habitude de jouïr des bienfaits d'un Roy de leur âge, pour qui on les éleve, & qu'on éleve pour eux , & commencer dès à preſent à le reconnoître pour leur Pere commun, par l'éducation gratuite qu'il leur procure.

En attendant que nous en rendions à Dieu des actions de graces plus ſolemnelles , Nous ordonnons que dans tous les Colleges de plein exercice on chante le *Te Deum*, avec le Pſeaume *Exaudiat*, pour la conſervation du Roy , qui vient de donner des marques ſi éclatantes de ſa bonté : Que pleins de reconnoiſſance on prie auſſi pour Monſeigneur le Regent : & qu'enfin on ſupplie avec toute l'ardeur & le zele poſſible l'auteur de tout bien , de répandre ſur les Maîtres l'Eſprit de ſcience & de pieté , plus précieux que tout l'or du monde, & d'enſeigner aux Diſciples la vertu & la ſageſſe. luy *qui ſeul eſt le Docteur & le Maître de tous.*

Il y aura congé Lundy & Mardy prochains.

Donné en notre Hôtel au College de Beauvais le 12 May 1719.

omnium , ipſorum etiam Exterorum liberis publici Præceptores ab ipſo Rege offeruntur , & doctrinæ noſtræ puriſſimi fontes ( qui tamen nemini unquam, miniméque omnium pauperibus clauſi fuerunt ) latiùs jam commodiùſque referantur. Hoc ineuntis Regni fauſtiſſimum omen magnâ & in præſens lætitiâ, & in futurum ſpe excipere debent boni omnes. Quid enim is præſtiturus non eſt adultus. & vir , qui tale ſui ſpecimen edit vel puer?

Notum itaque facimus omnes Academiæ noſtræ Profeſſores, Diſcipulorum induſtriâ modeſtiâque contentos , nullùm deinceps à quoquam honorarium exacturos eſſe ; initium verò ſic docendi ab ipſis Kal. Aprilis hujus anni factum.

Invitamus omnes boni ingenii bonæque mentis Pueros, ut in Scholas noſtras læti & alacres conveniant ; ut aſſueſcant beneficiis coævi Regis, cui creſcunt, qui & illis creſcit , eumque jam nunc publicum parentem munere educationis experiri velint.

Interim donec ſolenniores omnipotenti Deo gratias perſolvamus, jubemus in ſingulis majoribus Collegiis cantari hymnum *Te Deum* cum pſalmo *Exaudiat* pro beneficentiſſimi Regis incolumitate ac ſalute : fundi præterea pias preces pro Sereniſſimo Regente, enixéque ab omnium bonorum Auctore flagitari , ut & in Magiſtros ſpiritum ſcientiæ ac pietatis divitiis omnibus pretioſiorem effundat , & Diſcipulos bonitatem atque diſciplinam ipſe, qui unus omnium magiſter eſt , edoceat.

Feriabuntur Scholæ diebus proximis Lunæ & Martis.

Datum in Ædibus noſtris Dormano-Bellovacis , die duodecimâ Maii anno Domini M. DCC. XIX.

# FERIÆ LUDOVICÆÆ.

NOS CAROLUS COFFIN, Rector universi Studii Parisiensis, omnibus Academiæ nostræ Scholaribus, SALUTEM.

Promulgavimus non ita pridem insigne & verè regium LUDOVICI XV, beneficium, quo quidem ad fovenda Gallicæ Juventutis studia gratuitam Discipulis omnibus Professorum nostrorum operam effecit. Cùm autem nuper solennes Optimo Principi pro tantâ munificentiâ gratias ageremus, ecce novum priori munus adjecit, licet genere multùm dispar, tamen & suâpte naturâ gratissimum Adolescentibus, & dantis non dignitate solùm, sed etiam animo ac voluntate pretiosissimum. Postquam enim excolendis faciliùs Puerorum ingeniis immortali liberalitate prospexit; ratus dandum etiam aliquid in præsens ætatis indoli, quæ ludis & oblectationibus ducitur, tres Academicæ Soboli Ferias constituit, in perfacili dono non pueriliter prodigus, sed eo usus temperamento, ut & benignum se largiendo probaret, &, justos fines præscribendo, cautè sapienterque moderatum. Nimirum parcus temporis Augustus Puer, id modò concessit, quod animis corporibusque paulò liberaliùs relaxandis sufficere posset, non otii consuetudinem inducere.

# CONGE'S
## ACCORDE'S PAR LE ROY
### A L'UNIVERSITE'.

NOUS CHARLES COFFIN, Recteur de l'Université de Paris, à tous les Etudians de nos Colleges, SALUT.

Nous annonçames il y a peu de jours au public le bienfait signalé & vraiment digne d'un Roy, qu'il a plû à Sa Majesté d'accorder à l'Université de Paris, pour la mettre en état d'instruire gratuitement la jeunesse de son Royaume. Nous avons eu l'honneur de luy en faire publiquement nos très humbles remercimens : & dans le temps que nous nous acquitons de ce glorieux devoir, ce Prince bien-faisant a voulu à cette premiere grace en ajouter une seconde, d'un ordre different à la verité;mais egalement par elle même à la jeunesse,& infiniment pretieuse par la majesté & par la bonté du Monarque qui la lui fait.Le Roy non content d'avoir facilité à ses jeunes Sujets les moyens de cultiver leur esprit, en leur fournissant luy même des Maîtres, a crû devoir accorder quelque chose à leur inclination, en donnant trois jours de congé à tous nos Etudians. Dans une grace, qu'il étoit si facile & si naturel à un Prince de cet âge d'étendre plus loin, Sa Majesté a sçu, par un discernement superieur, montrer de la bonté en permettant un délassement legitime, & de la moderation en le réduisant à de justes bornes. Ainsi connoissant déja tout le prix du tems, Elle s'est contentée de donner un intervalle suffisant pour prendre quelque relâche : mais sans favoriser le penchant à la dissipation & à la paresse.

En expliquant donc les intentions de Sa Majesté par son exemple & par sa conduite même, Nous ne jugeons point à propos que ces trois jours de congé soient continus, de peur que par une interruption trop longue de l'exercice des Classes, les Jeunes gens, comme il arrive, ne se laissent insensiblement séduire par les charmes dangereux de l'oisiveté. Nous souhaitons que ces jours soient répandus dans le cours de plusieurs semaines. C'est même le moyen de menager la grace du Prince, & d'en mieux goûter la douceur en la faisant durer plus long-temps, & en y revenant à plusieurs reprises avec une satisfaction toûjours nouvelle. Nous exhortons outre cela nos Etudians à ne point passer entierement ces jours même de repos dans les jeux & les autres divertissements, dont l'esprit ne remporte rien ; mais d'en réserver une partie pour quelque lecture profitable. Ils imiteront ainsi, en la maniere dont ils le peuvent, l'exemple de leur Roy, qui plein du desir de s'instruire, sçait déja partager utilement son temps, en s'acquitant avec fidelité de ses exercices ordinaires, & qui regarderoit comme perdu un jour qu'il auroit passé sans quelque occupation serieuse.

Qu'ils apprennent chaque jour à aimer & à reverer un jeune Monarque, si digne d'amour & de veneration ; & qu'ils ne cessent par leurs desirs de baiser respectueusement une main bienfaisante, qui ne pouvant encore soutenir tout le poids du sceptre, est déja si accoûtumée à répandre des graces de tout genre & sur toutes sortes de personnes.

Il y aura congé le Lundy 5, Mercredy 21 & Mardy 27 Juin.

Donné en nôtre Hôtel au Collège de Beauvais le 27 May 1719.

NOS itaque Regis voluntatem ex ipsius Regis exemplo salubriter interpretantes, ne longiori remissione periculosa desidiæ, ut fit, dulcedo subeat, nolumus tres illos dies continuari, sed in plures hebdomadas distribui & velut intercalari jubemus. Ita etiam fiet ut non statim exhauriatur propinata per regiam indulgentiam voluptas, sed producta longius & sæpius usurpata, suavissimè regustetur. Hortamur præterea Scholares nostros, ut illas ipsas Ferias non totas in ludo aliisque ineruditis oblectationibus conterant ; sed partem aliquam de solido die decerptam ac prælibatam in Libris privatim collocent, studiosum Principem, quâ fas est, æmulati, qui expertem omnis laboris diem perditum sibi duceret, diligens jam nunc officiorum omnium horarumque dispensator.

Discant quotidie magis amare ac vereri dignissimum amore & veneratione Regem ; animóque, quod possunt, exosculentur nondum habilem gerendo sceptro, & jam donis dandis multipliciter exercitatam manum.

Feriabuntur ergo Scholæ diebus integris Lunæ 5°, Mercurii 21°, & Martis 27° Junii.

DATUM in Ædibus nostris Dormano - Bellovacis die vigesimâ - septimâ Maii M. DCC. XIX.

www.ingramcontent.com/pod-product-compliance
Lightning Source LLC
Chambersburg PA
CBHW060711280326
41933CB00012B/2384